SV

Band 1396 der Bibliothek Suhrkamp

Wisława Szymborska
Der Augenblick
Chwila

Gedichte
Polnisch und deutsch
Übertragen und herausgegeben
von Karl Dedecius

Suhrkamp Verlag

Die Originalausgabe erschien unter dem Titel *Chwila* 2002
bei Wydawnictwo Literackie in Krakau.
Nachweis der nachgetragenen Gedichte im Anhang.

7. Auflage 2020
Erste Auflage 2005
© Copyright by Wisława Szymborska, 2002
© der deutschen Ausgabe
Suhrkamp Verlag Frankfurt am Main 2005
Alle Rechte vorbehalten, insbesondere das
des öffentlichen Vortrags sowie der Übertragung
durch Rundfunk und Fernsehen, auch einzelner Teile.
Kein Teil des Werkes darf in irgendeiner Form
(durch Fotografie, Mikrofilm oder andere Verfahren)
ohne schriftliche Genehmigung des Verlages reproduziert
oder unter Verwendung elektronischer Systeme
verarbeitet, vervielfältigt oder verbreitet werden.
Satz: Hümmer GmbH, Waldbüttelbrunn
Druck: Druckhaus Nomos, Sinzheim
Printed in Germany
ISBN 978-3-518-22396-3

Der Augenblick
Chwila

Chwila

Idę stokiem pagórka zazielenionego.
Trawa, kwiatuszki w trawie
jak na obrazku dla dzieci.
Niebo zamglone, już błękitniejące.
Widok na inne wzgórza rozlega się w ciszy.

Jakby tutaj nie było żadnych kambrów, sylurów,
skał warczących na siebie,
wypiętrzonych otchłani,
żadnych nocy w płomieniach
i dni w kłębach ciemności.

Jakby nie przesuwały się tędy niziny
w gorączkowych malignach,
lodowatych dreszczach.

Jakby tylko gdzie indziej burzyły się morza
i rozrywały brzegi horyzontów.

Jest dziewiąta trzydzieści czasu lokalnego.
Wszystko na swoim miejscu i w układnej zgodzie.
W dolince potok mały jako potok mały.
Ścieżka w postaci ścieżki od zawsze do zawsze.
Las pod pozorem lasu na wieki wieków i amen,
a w górze ptaki w locie w roli ptaków w locie.

Jak okiem sięgnąć, panuje tu chwila.
Jedna z tych ziemskich chwil
proszonych, żeby trwały.

Der Augenblick

Ich geh über den grünenden Hang.
Gras, Blümchen im Gras
wie auf einem Bild für Kinder.
Der Himmel neblig, schon blauend.
Der Blick schweift über andere Hügel in die Stille.

Als hätte es hier niemals Kambrium gegeben, nie Silur,
Felsen, die sich anknurren,
hochgetürmte Abgründe,
nie Nächte in Flammen
und Tage in Schwaden der Dunkelheit.

Als hätten sich hier die Ebenen nicht verschoben
im Fieberwahn,
in Schüttelfrösten.

Als stürmten nur anderswo die Meere
und zerrissen die Ufer der Horizonte.

Es ist neun Uhr dreißig Ortszeit.
Alles an seinem Platz und in manierlicher Eintracht.
Im Tal ein kleiner Bach als kleiner Bach.
Ein Pfad in Gestalt eines Pfades von immer nach immer.
Ein Wald scheinbar ein Wald von Ewigkeit zu Ewigkeit, Amen,
und oben Vögel im Flug in der Rolle fliegender Vögel.

So weit das Auge reicht, herrscht hier der Augenblick.
Einer dieser irdischen Augenblicke,
die man zu verweilen bittet.

W zatrzęsieniu

Jestem kim jestem.
Niepojęty przypadek
jak każdy przypadek.

Inni przodkowie
mogli być przecież moimi,
a już z innego gniazda
wyfrunęłabym,
już spod innego pnia
wypełzła w łusce.

W garderobie natury
jest kostiumów sporo.
Kostium pająka, mewy, myszy polnej.
Każdy od razu pasuje jak ulał
i noszony jest posłusznie
aż do zdarcia.

Ja też nie wybierałam,
ale nie narzekam.
Mogłam być kimś
o wiele mniej osobnym.
Kimś z ławicy, mrowiska, brzęczącego roju,
szarpaną wiatrem cząstką krajobrazu.

Kimś dużo mniej szczęśliwym,
hodowanym na futro,
na świąteczny stół;
czymś, co pływa pod szkiełkiem.

Im Gewimmel

Ich bin, der ich bin.
Ein Zufall, unbegreiflich
wie jeder Zufall.

Ich hätte andere Ahnen
haben können,
und schon wäre ich einem andern Nest
entflogen,
schon unter einem andern Stamm
verpuppt hervorgekrochen.

In der Garderobe der Natur
sind viele Kostüme.
Das Kostüm der Spinne, der Möwe, der Feldmaus.
Sie passen sogleich wie angegossen
und werden brav getragen
bis zum Verschleiß.

Auch ich hatte keine Wahl,
doch beklage ich mich nicht.
Ich hätte weniger
einmalig sein können.
Jemand von der Sandbank, vom Ameisenhaufen,
    vom summenden Schwarm,
ein vom Wind getriebenes Teilchen der Landschaft.

Jemand, weit weniger glücklich,
gezüchtet für einen Pelz,
für eine Festtagstafel;
etwas, das unter Glas schwimmt.

Drzewem uwięzłym w ziemi,
do którego zbliża się pożar.

Źdźbłem tratowanym
przez bieg niepojętych wydarzeń.

Typem spod ciemnej gwiazdy,
która dla drugich jaśnieje.

A co, gdybym budziła w ludziach strach,
albo tylko odrazę,
albo tylko litość?

Gdybym się urodziła
nie w tym, co trzeba, plemieniu
i zamykały się przede mną drogi?

Los okazał się dla mnie
jak dotąd łaskawy.

Mogła mi nie być dana
pamięć dobrych chwil.

Mogła mi być odjęta
skłonność do porównań.

Mogłam być sobą – ale bez zdziwienia,
a to by oznaczało,
że kimś całkiem innym.

Ein Baum, der Erde verhaftet,
dem sich das Feuer nähert.

Ein Halm, zertreten
vom Lauf der unbegreiflichen Ereignisse.

Eine zwielichtige Gestalt,
die anderen leuchtet.

Wenn ich aber den Menschen Angst einflößte,
oder nur Widerwillen
oder nur Mitleid?

Wenn ich nicht im richtigen Stamm
zur Welt gekommen wäre
und mir die Wege verschlossen blieben?

Das Schicksal war mir
bisher gnädig.

Mir wäre das Gedächtnis
für gute Augenblicke nicht gegeben.

Mir wäre die Neigung
zu vergleichen genommen.

Ich hätte ich selbst sein können – doch ohne Staunen,
und das würde bedeuten,
jemand ganz anderer.

Chmury

Z opisywaniem chmur
musiałabym się bardzo śpieszyć –
już po ułamku chwili
przestają być te, zaczynają być inne.

Ich właściwością jest
nie powtarzać się nigdy
w kształtach, odcieniach, pozach i układzie.

Nie obciążone pamięcią o niczym,
unoszą się bez trudu nad faktami.

Jacy tam z nich świadkowie czegokolwiek –
natychmiast rozwiewają się na wszystkie strony.

W porównaniu z chmurami
życie wydaje się ugruntowane,
omalże trwałe i prawie że wieczne.

Przy chmurach
nawet kamień wygląda jak brat,
na którym można polegać,
a one, cóż, dalekie i płoche kuzynki.

Niech sobie ludzie będą, jeśli chcą,
a potem po kolei każde z nich umiera,
im, chmurom nic do tego
wszystkiego
bardzo dziwnego.

Wolken

Mit der Beschreibung der Wolken
müßt ich mich sehr beeilen –
schon im Bruchteil eines Augenblicks
sind sie nicht mehr sie, sind sie andre.

Sie haben die Eigenschaft,
sich in Formen, Schattierungen, Posen, im Wechselspiel
niemals zu wiederholen.

Unbeschwert von jeglicher Erinnerung
erheben sie sich mühelos über die Fakten.

Was sind das schon für Zeugen –
sie zerstreuen sich sofort in alle Richtungen.

Verglichen mit den Wolken
erscheint das Leben eingewurzelt,
fast dauerhaft und beinah ewig.

Neben den Wolken
sieht sogar der Stein aus wie ein Bruder,
auf den man sich verlassen kann,
doch sie, nun ja, sind ferne und scheue Kusinen.

Sollen doch die Menschen leben, wenn sie wollen,
und dann einer nach dem andern sterben,
sie, die Wolken, geht das nichts an,
das alles
höchst Seltsame.

Nad całym Twoim życiem
i moim, jeszcze nie całym,
paradują w przepychu, jak paradowały.

Nie mają obowiązku razem z nami ginąć.
Nie muszą być widziane, żeby płynąć.

Über Deinem ganzen Leben
und meinem, noch nicht ganzen,
paradieren sie prachtvoll wie eh und je.

Sie sind nicht verpflichtet, mit uns zugrunde zu gehen.
Sie müssen nicht gesehen werden, um weiter zu ziehen.

Negatyw

Na niebie burym
chmurka jeszcze bardziej bura
z czarną obwódką słońca.

Na lewo, czyli na prawo,
biała gałąź czereśni z czarnymi kwiatami.

Na twojej ciemnej twarzy jasne cienie.
Zasiadłeś przy stoliku
i położyłeś na nim poszarzałe ręce.

Sprawiasz wrażenie ducha,
który próbuje wywoływać żywych.

(Ponieważ jeszcze zaliczam się do nich,
powinnam mu się zjawić i wystukać:
dobranoc, czyli dzień dobry,
żegnaj, czyli witaj.
I nie skąpić mu pytań na żadną odpowiedź,
jeśli dotyczą życia,
czyli burzy przed ciszą.)

Negativ

Am dunkelgrauen Himmel
eine noch grauere Wolke
mit dem Trauerrand der Sonne.

Links, das heißt rechts,
der weiße Zweig eines Kirschbaums mit schwarzen Blüten.

Auf deinem dunklen Gesicht helle Schatten.
Du nahmst Platz am Tisch
und legtest auf ihn die ergrauten Hände.

Du wirkst wie ein Geist,
der die Lebenden zu rufen versucht.

(Da ich mich noch zu ihnen zähle,
müßte ich ihm erscheinen und klopfen:
gute Nacht, das heißt guten Tag,
leb wohl, das heißt sei gegrüßt.
Und nicht geizen mit Fragen auf keine Antwort,
falls sie das Leben betreffen,
das heißt den Sturm vor der Ruhe.)

Słuchawka

Śni mi się, że się budzę,
bo słyszę telefon.

Śni mi się pewność,
że dzwoni do mnie umarły.

Śni mi się, że wyciągam rękę
po słuchawkę.

Tylko że ta słuchawka
nie taka jak była,
stała się ciężka,
jakby do czegoś przywarła,
w coś wrosła,
coś oplotła korzeniami.
Musiałabym ją wyrwać
razem z całą Ziemią.

Śni mi się mocowanie moje
nadaremne.

Śni mi się cisza,
bo zamilknął dzwonek.

Śni mi się, że zasypiam
i budzę się znowu.

Der Telefonhörer

Mir träumt, daß ich erwache,
denn ich höre das Telefon.

Mir träumt die Gewißheit,
daß mich ein Verstorbener anruft.

Mir träumt, ich strecke die Hand aus
nach dem Hörer.

Nur ist dieser Hörer
nicht so, wie er war,
er ist schwer geworden,
als wäre er an etwas angeschlossen,
in etwas hineingewachsen,
umklammerte es mit den Wurzeln.
Ich müßte ihn herausreißen
mit der ganzen Erde.

Mir träumt, mein Ringen
sei vergeblich.

Mir träumt, es sei still,
denn das Klingeln hat aufgehört.

Mir träumt, daß ich einschlafe
und von neuem erwache.

Trzy słowa najdziwniejsze

Kiedy wymawiam słowo Przyszłość,
pierwsza sylaba odchodzi już do przeszłości.

Kiedy wymawiam słowo Cisza,
niszczę ją.

Kiedy wymawiam słowo Nic,
stwarzam coś, co nie mieści się w żadnym niebycie.

Die drei seltsamsten Wörter

Sag ich das Wort Zukunft,
ist seine erste Silbe bereits Vergangenheit.

Sag ich das Wort Stille,
vernichte ich sie.

Sag ich das Wort Nichts,
schaffe ich etwas, das in keinem Nichtsein Raum hat.

Milczenie roślin

Jednostronna znajomość między mną a wami
rozwija się nie najgorzej.

Wiem, co listek, co płatek, kłos, szyszka, łodyga,
i co się z wami dzieje w kwietniu, a co w grudniu.

Chociaż moja ciekawość jest bez wzajemności,
nad niektórymi schylam się specjalnie,
a ku niektórym z was zadzieram głowę.

Macie u mnie imiona:
klon, łopian, przylaszczka,
wrzos, jałowiec, jemioła, niezapominajka,
a ja u was żadnego.

Podróż nasza jest wspólna.
W czasie wspólnych podróży rozmawia się przecież,
wymienia się uwagi choćby o pogodzie
albo o stacjach mijanych w rozpędzie.

Nie brakłoby tematów, bo łączy nas wiele.
Ta sama gwiazda trzyma nas w zasięgu.
Rzucamy cienie na tych samych prawach.
Próbujemy coś wiedzieć, każde na swój sposób,
a to, czego nie wiemy, to też podobieństwo.

Das Schweigen der Pflanzen

Die einseitige Bekanntschaft zwischen mir und euch
entwickelt sich recht gut.

Ich kenne Blatt und Blüte, Ähre, Zapfen, Stengel
und weiß, was mit euch geschieht im April und was
    im Dezember.

Wenn meine Neugier auch unerwidert bleibt,
beuge ich mich über manche absichtlich tief,
und zu manchen blicke ich hinauf.

Ich nenne euch beim Namen:
Ahorn, Leberblümchen, Klette,
Wacholder, Heide, Mistel, Vergißmeinnicht,
doch ihr gebt mir keinen.

Wir reisen gemeinsam.
Auf gemeinsamen Reisen unterhält man sich,
tauscht Bemerkungen aus, und sei es übers Wetter
oder über Stationen, die man rasant passiert.

An Themen fehlt es nicht, denn uns verbindet vieles.
Derselbe Stern hält uns in seinem Bann.
Wir werfen Schatten nach denselben Gesetzen.
Bemühen uns um Wissen, jedes auf seine Art,
und das, was wir nicht wissen, gleicht sich auch.

Objaśnię, jak potrafię, tylko zapytajcie:
co to takiego oglądać oczami,
po co serce mi bije
i czemu moje ciało nie zakorzenione.

Ale jak odpowiadać na niestawiane pytania,
jeśli w dodatku jest się kimś
tak bardzo dla was nikim.

Porosła, zagajniki, łąki i szuwary –
wszystko, co do was mówię, to monolog,
i nie wy go słuchacie.

Rozmowa z wami konieczna jest i niemożliwa.
Pilna w życiu pośpiesznym
i odłożona na nigdy.

Ich erklär euch, so gut ich kann, fragt nur:
was es heißt, mit den Augen zu sehen,
wozu mir das Herz schlägt
und weshalb mein Körper keine Wurzeln hat.

Wie aber antworten auf nicht gestellte Fragen,
wenn man dazu noch jemand ist,
der für euch gar nichts ist.

Buschwerk, Haine, Wiesen und Schilf –
Alles, was ich euch sage, ist Monolog,
ihr hört ihn nicht.

Mit euch zu reden ist so notwendig wie unmöglich.
Dringend im eiligen Leben
und verschoben auf niemals.

Platon, czyli dlaczego

Z przyczyn niejasnych,
w okolicznościach nieznanych
Byt Idealny przestał sobie wystarczać.

Mógł przecież trwać i trwać bez końca,
ociosany z ciemności, wykuty z jasności,
w swoich sennych nad światem ogrodach.

Czemu, u licha, zaczął szukać wrażeń
w złym towarzystwie materii?

Na co mu naśladowcy
niewydarzeni, pechowi,
bez widoków na wieczność?

Mądrość kulawa
z cierniem wbitym w piętę?
Harmonia rozrywana
przez wzburzone wody?
Piękno
z niepowabnymi w środku jelitami
i Dobro
– po co z cieniem,
jeśli go wcześniej nie miało?

Platon oder warum

Aus unklaren Gründen,
unter unbekannten Umständen
hörte das Ideale Sein auf, sich zu genügen.

Es hätte dauern, endlos dauern können,
aus dem Dunkel geschält, aus Helligkeit gehämmert,
in seinen verschlafenen Gärten über der Welt.

Warum bloß mußte es Eindrücke suchen
in der schlechten Gesellschaft der Materie?

Was nutzen ihm die Nachahmer,
die mißratenen, vom Pech verfolgten,
ohne Aussicht auf Ewigkeit?

Die hinkende Weisheit
mit dem Dorn in der Ferse?
Die Harmonie, zerrissen
von stürmischen Wassern?
Das Schöne
mit den reizlosen Innereien
und das Gute
– wozu mit diesem Schatten,
wenn es ihn früher nicht hatte?

Musiał być jakiś powód,
choćby i drobny z pozoru,
ale tego nie zdradzi nawet Prawda Naga
zajęta przetrząsaniem
ziemskiej garderoby.

W dodatku ci okropni poeci, Platonie,
roznoszone podmuchem wióry spod posągów,
odpadki wielkiej na wyżynach Ciszy...

Es mußte einen Grund geben,
und wäre er noch so klein,
doch den verrät nicht mal die Nackte Wahrheit,
damit beschäftigt,
die irdische Garderobe zu durchstöbern.

Dazu die schrecklichen Dichter, Platon,
das vom Wind zerstreute Laub unter den Statuen,
Abfälle der großen Stille auf den Gipfeln ...

Mała dziewczynka ściąga obrus

Od ponad roku jest się na tym świecie,
a na tym świecie nie wszystko zbadane
i wzięte pod kontrolę.

Teraz w próbach są rzeczy,
które same nie mogą się ruszać.

Trzeba im w tym pomagać,
przesuwać, popychać,
brać z miejsca i przenosić.

Nie każde tego chcą, na przykład szafa,
kredens, nieustępliwe ściany, stół.

Ale już obrus na upartym stole
– jeżeli dobrze chwycony za brzegi –
objawia chęć do jazdy.

A na obrusie szklanki, talerzyki,
dzbanuszek z mlekiem, łyżeczki, miseczka
aż trzęsą się z ochoty.

Bardzo ciekawe,
jaki ruch wybiorą,
kiedy się już zachwieją na krawędzi:
wędrówkę po suficie?
lot dokoła lampy?
skok na parapet okna, a stamtąd na drzewo?

Kleines Mädchen zieht die Decke vom Tisch

Seit über einem Jahr ist man auf dieser Welt,
und noch ist auf dieser Welt nicht alles erforscht
und unter Aufsicht gestellt.

Jetzt werden die Dinge erprobt,
die sich nicht selbst bewegen können.

Man muß ihnen dabei helfen,
sie verrücken, anstoßen,
von einem Ort zum anderen tragen.

Nicht jedes will das, zum Beispiel der Schrank,
die Anrichte, die unnachgiebigen Wände, der Tisch.

Aber schon die Decke auf dem störrischen Tisch
– an den Rändern fest angefaßt –
zeigt sich bereit zur Fahrt.

Und auf der Decke die Gläser, die Teller,
das Milchkännchen, die Löffel, die Schüssel,
sie erzittern geradezu vor Freude.

Sehr interessant,
welche Fortbewegung sie wählen,
wenn sie schon an der Tischkante kippeln:
die Wanderung über die Zimmerdecke?
den Flug um die Lampe?
den Sprung auf die Fensterbank und von dort auf den Baum?

Pan Newton nie ma jeszcze nic do tego.
Niech sobie patrzy z nieba i wymachuje rękami.

Ta próba dokonana być musi.
I będzie.

Herr Newton hat noch nichts damit zu tun.
Soll er doch vom Himmel herabschaun und mit den
    Händen fuchteln.

Dieser Versuch muß gewagt werden.
Und wird es.

Ze *wspomnień*

Gawędziliśmy sobie,
zamilkliśmy nagle.
Na taras weszła dziewczyna,
ach, piękna,
zanadto piękna
jak na nasz spokojny tutaj pobyt.

Basia zerknęła w popłochu na męża.
Krystyna odruchowo położyła dłoń
na dłoni Zbyszka.
Ja pomyślałam: zadzwonię do ciebie,
jeszcze na razie – powiem – nie przyjeżdżaj,
zapowiadają właśnie kilkudniowe deszcze.

Tylko Agnieszka, wdowa,
powitała piękną uśmiechem.

Aus Erinnerungen

Wir plauderten miteinander,
plötzlich wurden wir stumm.
Ein Mädchen betrat die Terrasse,
ein schönes, ach,
viel zu schön
für unseren ruhigen Aufenthalt hier.

Basia warf einen panischen Blick auf ihren Mann.
Krystyna legte unwillkürlich ihre Hand
auf die Hand von Zbyszek.
Ich dachte: ich rufe dich an,
komm vorläufig noch nicht, sage ich,
es soll voraussichtlich tagelang regnen.

Nur Agnieszka, die Witwe,
begrüßte die Schöne mit einem Lächeln.

Kałuża

Dobrze z dzieciństwa pamiętam ten lęk.
Omijałam kałuże,
zwłaszcza te świeże, po deszczu.
Któraś z nich przecież mogła nie mieć dna,
choć wyglądała jak inne.

Stąpnę i nagle zapadnę się cała,
zacznę wzlatywać w dół
i jeszcze głębiej w dół,
w kierunku chmur odbitych
a może i dalej.

Potem kałuża wyschnie,
zamknie się nade mną,
a ja na zawsze zatrzaśnięta – gdzie –
z niedoniesionym na powierzchnię krzykiem.

Dopiero później przyszło zrozumienie:
nie wszystkie złe przygody
mieszczą się w regułach świata
i nawet gdyby chciały,
nie mogą się zdarzyć.

Die Pfütze

Seit meiner Kindheit kenne ich diese Angst.
Ich mied die Pfützen,
vor allem die frischen, nach dem Regen.
Eine von ihnen könnte ja ohne Boden sein,
obwohl sie aussah wie die andern.

Ein Schritt und plötzlich sinke ich,
fliege auf in die Tiefe
und noch mehr in die Tiefe,
den spiegelnden Wolken entgegen,
vielleicht auch weiter.

Dann trocknet die Pfütze,
schließt sich über mir,
und ich bin eingesperrt für immer – wo –
mit dem Schrei, der nicht nach oben dringt.

Erst später kam die Einsicht:
nicht alle schlechten Abenteuer
passen ins Regelwerk der Welt,
sogar wenn sie wollten,
finden sie nicht statt.

Pierwsza miłość

Mówią,
że pierwsza miłość najważniejsza.
To bardzo romantyczny,
ale nie mój przypadek.

Coś między nami było i nie było,
działo się i podziało.

Nie drżą mi ręce,
kiedy natrafiam na drobne pamiątki
i zwitek listów przewiązanych sznurkiem
– żeby chociaż wstążeczką.

Nasze jedyne spotkanie po latach
to rozmowa dwóch krzeseł
przy zimnym stoliku.

Inne miłości
głęboko do tej pory oddychają we mnie.
Tej brak tchu, żeby westchnąć.

A jednak właśnie taka, jaka jest,
potrafi, czego tamte nie potrafią jeszcze:
niepamiętana,
nie śniąca się nawet,
oswaja mnie ze śmiercią.

Erste Liebe

Man sagt,
die erste Liebe sei die wichtigste.
Ein sehr romantischer,
aber nicht mein Fall.

Etwas war und war nicht zwischen uns,
etwas kam und verkam.

Meine Hände zittern nicht,
wenn ich auf kleine Erinnerungsstücke stoße
und auf ein Bündel verschnürter Briefe
– wären sie wenigstens mit einer Schleife gebunden.

Unsere einzige Begegnung nach Jahren
war ein Gespräch zweier Stühle
am kalten Tisch.

Die anderen Lieben
atmen bis jetzt noch tief in mir.
Dieser fehlt der Atem, um zu seufzen.

Und dennoch kann ebendiese, so wie sie ist,
was die anderen noch nicht können:
diese nicht erinnerte,
nicht mal geträumte,
macht mich vertraut mit dem Tod.

Trochę o duszy

Duszę się miewa.
Nikt nie ma jej bez przerwy
i na zawsze.

Dzień za dniem,
rok za rokiem
może bez niej minąć.

Czasem tylko w zachwytach
i lękach dzieciństwa
zagnieżdża się na dłużej.
Czasem tylko w zdziwieniu,
że jesteśmy starzy.

Rzadko nam asystuje
podczas zajęć żmudnych,
jak przesuwanie mebli,
dźwiganie walizek
czy przemierzanie drogi w ciasnych butach.

Przy wypełnianiu ankiet
i siekaniu mięsa
z reguły ma wychodne.

Na tysiąc naszych rozmów
uczestniczy w jednej,
a i to niekoniecznie,
bo woli milczenie.

Ein Wort über die Seele

Eine Seele hat man.
Keiner hat sie unentwegt
und für immer.

Tag für Tag,
Jahr um Jahr
kann ohne sie vergehen.

Manchmal nur nistet sie sich
in den Entzückungen und Ängsten der Kindheit
für länger ein.
Manchmal nur im Staunen darüber,
daß wir alt sind.

Sie assistiert uns selten
bei mühsamen Tätigkeiten,
wie Möbelrücken,
Kofferschleppen
oder beim Fußmarsch in engen Schuhen.

Beim Ausfüllen von Fragebogen
und beim Fleischhacken
hat sie in der Regel frei.

Von unseren tausend Gesprächen
beteiligt sie sich an einem,
und auch das nicht unbedingt,
lieber schweigt sie.

Kiedy ciało zaczyna nas boleć i boleć,
cichcem schodzi z dyżuru.

Jest wybredna:
niechętnie widzi nas w tłumie,
mierzi ją nasza walka o byle przewagę
i terkot interesów.

Radość i smutek
to nie są dla niej dwa różne uczucia.
Tylko w ich połączeniu
jest przy nas obecna.

Możemy na nią liczyć,
kiedy niczego nie jesteśmy pewni,
a wszystkiego ciekawi.

Z przedmiotów materialnych
lubi zegary z wahadłem
i lustra, które pracują gorliwie,
nawet gdy nikt nie patrzy.

Nie mówi skąd przybywa
i kiedy znowu nam zniknie,
ale wyraźnie czeka na takie pytania.

Wygląda na to,
że tak jak ona nam,
również i my
jesteśmy jej na coś potrzebni.

Wenn unser Körper zu schmerzen beginnt,
macht sie sich heimlich davon.

Sie ist wählerisch:
Ungern sieht sie uns in der Masse,
unser Kampf um Überlegenheit und der Lärm der Interessen
widern sie an.

Freude und Trauer
sind ihr nicht verschiedene Gefühle.
Nur in ihrer Verbindung
ist sie zugegen.

Wir können auf sie zählen,
wenn wir ganz unsicher sind,
und neugierig auf alles.

Unter den materiellen Dingen
mag sie die Pendeluhren
und Spiegel, die emsig arbeiten,
selbst wenn niemand zusieht.

Sie sagt nicht, woher sie kommt
und wann sie uns wieder entschwindet,
doch ausdrücklich erwartet sie solche Fragen.

Es sieht so aus,
daß so, wie wir sie,
auch sie uns
zu irgend etwas braucht.

Wczesna godzina

Śpię jeszcze,
a tymczasem następują fakty.
Bieleje okno,
szarzeją ciemności,
wydobywa się pokój z niejasnej przestrzeni,
szukają w nim oparcia chwiejne, blade smugi.

Kolejno, bez pośpiechu,
bo to ceremonia,
dnieją płaszczyzny sufitu i ścian,
oddzielają się kształty,
jeden od drugiego,
strona lewa od prawej.

Świtają odległości między przedmiotami,
ćwierkają pierwsze błyski
na szklance, na klamce.
Już się nie tylko zdaje, ale całkiem jest
to, co zostało wczoraj przesunięte,
co spadło na podłogę,
co mieści się w ramach.
Jeszcze tylko szczegóły
nie weszły w pole widzenia.

Ale uwaga, uwaga, uwaga,
dużo wskazuje na to, że powracają kolory
i nawet rzecz najmniejsza odzyska swój własny,
razem z odcieniem cienia.

Frühe Stunde

Ich schlafe noch,
und währenddessen treten die Fakten ein.
Das Fenster bleicht,
es grauen Dunkelheiten,
das Zimmer taucht auf aus undeutlichem Raum,
schwankende blasse Streifen suchen darin Halt.

Nach und nach, ohne Eile,
denn es ist eine Zeremonie,
tagen die Flächen der Decke und der Wände,
Formen sondern sich ab,
eine von der anderen,
die rechte von der linken.

Zwischen den Gegenständen dämmern Entfernungen,
zwitschern erste Glitzer
auf dem Glas, auf der Klinke.
Es scheint nicht mehr nur, es ist ganz das,
was gestern verschoben wurde,
was zu Boden fiel,
was in den Rahmen paßt.
Nur die Einzelheiten
sind noch nicht ins Blickfeld gerückt.

Doch Vorsicht, Vorsicht, Vorsicht,
vieles deutet darauf hin, daß die Farben wiederkehren
und sogar das kleinste Ding die seine zurückgewinnt,
zusammen mit der Schattierung des Schattens.

Zbyt rzadko mnie to dziwi, a powinno.
Budzę się zwykle w roli spóźnionego świadka,
kiedy cud już odbyty,
dzień ustanowiony
i zaranność mistrzowsko zmieniona w poranność.

Darüber sollte ich staunen, tue es aber selten.
Ich erwache meist in der Rolle des verspäteten Zeugen,
wenn das Wunder schon abgeleistet,
der Tag verordnet
und der frühe Morgen sich perfekt in Morgenfrühe
    verwandelt.

Przyczynek do statystyki

Na stu ludzi

wiedzących wszystko lepiej
– pięćdziesięciu dwóch;

niepewnych każdego kroku
– prawie cała reszta;

gotowych pomóc,
o ile nie potrwa to długo
– aż czterdziestu dziewięciu;

dobrych zawsze,
bo nie potrafią inaczej
– czterech, no może pięciu;

skłonnych do podziwu bez zawiści
– osiemnastu;

żyjących w stałej trwodze
przed kimś albo czymś
– siedemdziesięciu siedmiu;

uzdolnionych do szczęścia
– dwudziestu kilku najwyżej;

niegroźnych pojedynczo,
dziczejących w tłumie
– ponad połowa na pewno;

Beitrag zur Statistik

Auf hundert Menschen

die alles besser wissen
– zweiundfünfzig;

die um jeden Schritt bangen
– fast der ganze Rest;

Hilfsbereite,
wenn's nicht zu lange dauert
– sogar neunundvierzig;

beständig Gute,
weil sie nicht anders können
– vier, vielleicht auch fünf;

die zu neidloser Bewunderung neigen
– achtzehn;

die ständig in Angst leben
vor jemand oder etwas
– siebenundsiebzig;

die Talent zum Glücklichsein haben
– gut zwanzig, höchstens;

die einzeln ungefährlich sind
und in der Masse verwildern
– sicher über die Hälfte;

okrutnych,
kiedy zmuszą ich okoliczności
– tego lepiej nie wiedzieć
nawet w przybliżeniu;

mądrych po szkodzie
– niewielu więcej
niż mądrych przed szkodą;

niczego nie biorących z życia oprócz rzeczy
– czterdziestu,
chociaż chciałabym się mylić;

skulonych, obolałych
i bez latarki w ciemności
– osiemdziesięciu trzech
prędzej czy później;

godnych współczucia
– dziewięćdziesięciu dziewięciu;

śmiertelnych
– stu na stu.
Liczba, która jak dotąd nie ulega zmianie.

Grausame,
wenn die Umstände sie dazu zwingen
– das sollte man lieber nicht wissen,
nicht einmal annähernd;

die nach dem Schaden klug sind
– nicht viel mehr
als die vor dem Schaden klug sind;

die dem Leben nichts abgewinnen außer Sachen
– vierzig,
obwohl ich mich gern täuschen würde;

Geduckte, Leidgeprüfte,
ohne eine Laterne im Dunkel
– dreiundachtzig,
früher oder später;

Bemitleidenswerte
– neunundneunzig;

Sterbliche
– hundert auf hundert.
Eine Zahl, die sich vorerst nicht ändert.

Jacyś ludzie

Jacyś ludzie w ucieczce przed jakimiś ludźmi.
W jakimś kraju pod słońcem
i niektórymi chmurami.

Zostawiają za sobą jakieś swoje wszystko,
obsiane pola, jakieś kury, psy,
lusterka, w których właśnie przegląda się ogień.

Mają na plecach dzbanki i tobołki,
im bardziej puste, tym z dnia na dzień cięższe.

Odbywa się po cichu czyjeś ustawanie,
a w zgiełku czyjeś komuś chleba wydzieranie
i czyjeś martwym dzieckiem potrząsanie.

Przed nimi jakaś wciąż nie tędy droga,
nie ten, co trzeba most
nad rzeką dziwnie różową.
Dokoła jakieś strzały, raz bliżej, raz dalej,
w górze samolot trochę kołujący.

Przydałaby się jakaś niewidzialność,
jakaś bura kamienność,
a jeszcze lepiej niebyłość
na pewien krótki czas albo i długi.

Irgendwelche Leute

Irgendwelche Leute auf der Flucht vor irgendwelchen Leuten.
In irgendeinem Land unter der Sonne
und manchen Wolken.

Sie hinterlassen ihr irgendwie ein und alles,
bestellte Felder, Hühner, Hunde,
Spiegel, in denen sich das Feuer betrachtet.

Auf dem Rücken tragen sie Krüge und Bündel,
je leerer, desto schwerer von Tag zu Tag.

Es geschieht, daß jemand lautlos stehenbleibt,
im Tumult jemand einem andern das Brot entreißt
und daß jemand ein totes Kind schüttelt.

Vor ihnen ein Weg, noch immer nicht da lang,
nicht die richtige Brücke
über den seltsam blaßroten Fluß.
Ringsum Schüsse, mal näher, mal ferner,
oben ein langsam kreisendes Flugzeug.

Nützlich wäre, irgendwie unsichtbar zu sein,
grau wie ein Stein,
und noch besser, nicht zu sein
für kurze oder auch lange Zeit.

Coś jeszcze się wydarzy, tylko gdzie i co.
Ktoś wyjdzie im naprzeciw, tylko kiedy, kto,
w ilu postaciach i w jakich zamiarach.
Jeśli będzie miał wybór,
może nie zechce być wrogiem
i pozostawi ich przy jakimś życiu.

Etwas wird noch passieren, nur wo und was.
Jemand kommt ihnen entgegen, nur wann, wer,
in wie vielen Gestalten und in welcher Absicht.
Wenn er die Wahl haben sollte,
wird er vielleicht nicht ihr Feind sein wollen
und sie an irgendeinem Leben lassen.

Fotografia z 11 września

Skoczyli z płonących pięter w dół –
jeden, dwóch, jeszcze kilku
wyżej, niżej.

Fotografia powstrzymała ich przy życiu,
a teraz przechowuje
nad ziemią ku ziemi.

Każdy to jeszcze całość
z osobistą twarzą
i krwią dobrze ukrytą.

Jest dosyć czasu,
żeby rozwiały się włosy,
a z kieszeni wypadły
klucze, drobne pieniądze.

Są ciągle jeszcze w zasięgu powietrza,
w obrębie miejsc,
które się właśnie otwarły.

Tylko dwie rzeczy mogę dla nich zrobić –
opisać ten lot
i nie dodawać ostatniego zdania.

Fotografie vom 11. September

Sie sprangen aus brennenden Stockwerken hinab –
einer, zwei, noch ein paar
höher, tiefer.

Die Fotografie hielt sie an im Leben,
und nun bewahrt sie sie auf
über der Erde gen Erde.

Jeder ist noch ganz
mit eigenem Gesicht
und gut verstecktem Blut.

Es ist genügend Zeit,
daß die Haare wehen
und aus den Taschen Schlüssel,
kleine Münzen fallen.

Sie sind immer noch im Bereich der Luft,
im Umkreis jener Stellen,
die sich soeben geöffnet haben.

Nur zwei Dinge kann ich für sie tun –
diesen Flug beschreiben
und den letzten Satz nicht hinzufügen.

Bagaż powrotny

Kwatera małych grobów na cmentarzu.
My, długo żyjący, mijamy ją chyłkiem,
jak mijają bogacze dzielnicę nędzarzy.

Tu leżą Zosia, Jacek i Dominik,
przedwcześnie odebrani słońcu, księżycowi,
obrotom roku, chmurom.

Niewiele uciułali w bagażu powrotnym.
Strzępki widoków
w liczbie nie za bardzo mnogiej.
Garstkę powietrza z przelatującym motylem.
Łyżeczkę gorzkiej wiedzy o smaku lekarstwa.

Drobne nieposłuszeństwa,
w tym któreś śmiertelne.
Wesołą pogoń za piłką po szosie.
Szczęście ślizgania się po kruchym lodzie.

Ten tam i tamta obok, i ci z brzegu:
zanim zdążyli dorosnąć do klamki,
zepsuć zegarek,
rozbić pierwszą szybę.

Małgorzatka, lat cztery,
z czego dwa na leżąco i patrząco w sufit.

Rückreisegepäck

Quartier kleiner Gräber auf dem Friedhof.
Wir, die lange Lebenden, huschen an ihnen vorbei,
wie Reiche an einem Elendsviertel.

Hier liegen Zosia, Jacek und Dominik,
zu früh getrennt von Sonne, Mond,
von Jahreszeiten, Wolken.

Im Rückreisegepäck wenig Gespartes.
Fetzen von Landschaftsbildern
in nicht allzu großer Mehrzahl.
Eine Handvoll Luft mit vorüberfliegendem Falter.
Ein Löffelchen bitteren Wissens mit Arzneigeschmack.

Winzige Unfolgsamkeiten,
eine davon tödlich.
Die lustige Jagd nach dem Ball auf der Fahrbahn.
Glückliches Gleiten über das brüchige Eis.

Dieser dort und jene daneben, und die da seitlich:
bevor sie bis zum Türgriff heranwachsen,
eine Uhr kaputtmachen,
die erste Fensterscheibe einschlagen konnten.

Małgorzatka, vier Jahre,
davon zwei im Liegen mit Blick zur Decke.

Rafałek: do lat pięciu brakło mu miesiąca,
a Zuzi świąt zimowych
z mgiełką oddechu na mrozie.

Co dopiero powiedzieć o jednym dniu życia,
o minucie, sekundzie:
ciemność i błysk żarówki i znów ciemność?

KÓSMOS MAKRÓS
CHRÓNOS PARÁDOKSOS
Tylko kamienna greka ma na to wyrazy.

Rafałek: zum fünften Geburtstag fehlte ihm ein Monat,
und Zuzi die Winterferien
mit dem Nebel des Atems bei Frost.

Was sagt man erst von einem Tag Leben,
einer Minute, einer Sekunde:
Dunkel und Aufblitzen einer Glühbirne und wieder Dunkel?

KÓSMOS MAKRÓS
CHRÓNOS PARÁDOXOS
Nur das steinerne Griechisch hat dafür Worte.

Bal

Dopóki nie wiadomo jeszcze nic pewnego,
bo brak sygnałów, które by dobiegły,

dopóki Ziemia wciąż jeszcze nie taka
jak do tej pory bliższe i dalsze planety,

dopóki ani widu ani słychu
o innych trawach zaszczycanych wiatrem,
o innych drzewach ukoronowanych,
innych zwierzętach udowodnionych jak nasze,

dopóki nie ma echa, oprócz tubylczego,
które by potrafiło mówić sylabami,

dopóki żadnych nowin
o lepszych albo gorszych gdzieś mozartach,
platonach czy edisonach,

dopóki nasze zbrodnie
rywalizować mogą tylko między sobą,

dopóki nasza dobroć
na razie do niczyjej jeszcze nie podobna
i wyjątkowa nawet w niedoskonałości,

dopóki nasze głowy pełne złudzeń
uchodzą za jedyne głowy pełne złudzeń,

Ball

Solange man noch nichts Sicheres weiß,
weil Signale fehlen, die angekommen wären,

solange die Erde immer noch nicht so ist
wie bisher die näheren und ferneren Planeten,

solange man weder etwas sieht noch hört
von anderen Gräsern, die der Wind beehrt,
von anderen gekrönten Bäumen,
von anderen Tieren, nachgewiesen wie unsere,

solange es kein Echo gibt, außer dem einheimischen,
das in Silben reden könnte,

keine Neuigkeiten
von besseren oder schlechteren Mozarts,
Platons oder Edisons irgendwo,

solange unsere Verbrechen
nur untereinander wetteifern können,

solange unsere Güte
vorerst noch nicht einer anderen ähnelt
und selbst in der Unvollkommenheit außergewöhnlich ist,

solange man unsere Köpfe voller Täuschung
für die einzigen Köpfe voller Täuschung hält,

dopóki tylko z naszych jak dotąd podniebień
wzbijają się wniebogłosy –

czujmy się gośćmi w tutejszej remizie
osobliwymi i wyróżnionymi,
tańczmy do taktu miejscowej kapeli
i niech się nam wydaje,
że to bal nad bale.

Nie wiem jak komu –
mnie to zupełnie wystarcza
do szczęścia i do nieszczęścia:

niepozorny zaścianek,
gdzie gwiazdy mówią dobranoc
i mrugają w jego stronę
nieznacząco.

solange sich nur aus unsren Kehlen
Schreie zum Himmel erheben –

sollten wir uns in der hiesigen Remise
als besondere, als bevorzugte Gäste fühlen,
im Takt der örtlichen Kapelle tanzen
und meinen,
es sei der Ball der Bälle.

Ich weiß nicht, wie es anderen geht –
mir genügt das voll und ganz
zum Glück und zum Unglück:

Ein unscheinbarer Winkel,
wo sich die Sterne gute Nacht sagen
und ihm beiläufig
zublinzeln.

Notatka

Życie – jedyny sposób,
żeby obrastać liśćmi,
łapać oddech na piasku,
wzlatywać na skrzydłach;

być psem,
albo głaskać go po ciepłej sierści;

odróżniać ból
od wszystkiego, co nim nie jest;

mieścić się w wydarzeniach,
podziewać w widokach,
poszukiwać najmniejszej między omyłkami.

Wyjątkowa okazja,
żeby przez chwilę pamiętać,
o czym się rozmawiało
przy zgaszonej lampie;

i żeby raz przynajmniej
potknąć się o kamień,
zmoknąć na którymś deszczu,
zgubić klucze w trawie;

i wodzić wzrokiem za iskrą na wietrze;

i bez ustanku czegoś ważnego
nie wiedzieć.

Notiz

Leben – die einzige Art,
Blätter zu treiben,
auf dem Sand nach Luft zu schnappen,
sich emporzuschwingen auf Flügeln;

ein Hund zu sein,
oder sein warmes Fell zu streicheln;

den Schmerz zu unterscheiden
von allem, was nicht er ist;

in Ereignissen Platz zu haben,
in Aussichten unterzukommen,
zwischen Irrtümern den kleinsten zu suchen.

Einmalige Gelegenheit,
einen Augenblick lang zu behalten,
worüber man
bei gelöschtem Licht sprach;

und wenigstens einmal
über einen Stein zu stolpern,
naß zu werden im Regen,
die Schlüssel im Gras zu verlieren;

und dem Funken im Wind mit den Augen zu folgen;

und ständig etwas Wichtiges
nicht zu wissen.

Spis

Sporządziłam spis pytań,
na które nie doczekam się już odpowiedzi,
bo albo za wcześnie na nie,
albo nie zdołam ich pojąć.

Spis pytań jest długi,
porusza sprawy ważne i mniej ważne,
a że nie chcę was nudzić,
wyjawię tylko niektóre:

Co było rzeczywiste,
a co się ledwie zdawało
na tej widowni
gwiezdnej i podgwiezdnej,
gdzie prócz wejściówki
obowiązuje wyjściówka;

Co z całym światem żywym,
którego nie zdążę
z innym żywym porównać;

O czym będą pisały
nazajutrz gazety;

Kiedy ustaną wojny
i co je zastąpi;

Verzeichnis

Ich verfaßte ein Verzeichnis von Fragen,
deren Beantwortung ich nicht erleben werde,
denn entweder ist es dafür zu früh,
oder ich begreife sie nicht mehr.

Das Verzeichnis ist lang,
es betrifft wichtige und weniger wichtige Dinge,
um Sie nicht zu langweilen,
verrate ich nur einige:

Was war wirklich
und was scheinbar
auf diesem Schauplatz,
dem bestirnten und dem unbestirnten,
wo neben der Einlaßkarte
auch eine Auslaßkarte Pflicht ist;

Was ist mit der ganzen lebendigen Welt,
die mit einer anderen lebendigen zu vergleichen
ich nicht schaffe;

Worüber werden die Zeitungen
morgen schreiben;

Wann hören die Kriege auf
und was wird sie ersetzen;

Na czyim teraz palcu
serdeczny pierścionek
skradziony mi – zgubiony;

Gdzie miejsce wolnej woli,
która potrafi być i nie być
równocześnie;

Co z dziesiątkami ludzi –
czy myśmy naprawdę się znali;

Co próbowała mi powiedzieć M.,
kiedy już mówić nie mogła;

Dlaczego rzeczy złe
brałam za dobre
i czego mi potrzeba,
żeby się więcej nie mylić?

Pewne pytania
notowałam chwilę przed zaśnięciem.
Po przebudzeniu
już ich nie mogłam odczytać.

Czasami podejrzewam,
że to szyfr właściwy.
Ale to też pytanie,
które mnie kiedyś opuści.

Wessen Ringfinger trägt jetzt
meinen mir gestohlenen
– verlorenen Ring;

Wo hat der freie Wille Platz,
der gleichzeitig
sein und nicht sein kann;

Was ist mit den Dutzenden von Menschen –
kannten wir uns wirklich;

Was wollte M. mir sagen,
als sie nicht mehr sprechen konnte;

Wieso habe ich etwas Böses
für gut gehalten
und was fehlt mir,
damit ich nicht mehr irre?

Einige Fragen
notierte ich kurz vor dem Einschlafen.
Nach dem Aufwachen
konnte ich sie nicht mehr entziffern.

Manchmal habe ich den Verdacht,
es sei die eigentliche Chiffre.
Aber auch das ist eine Frage,
die mich irgendwann verläßt.

Wszystko

Wszystko –
słowo bezczelne i nadęte pychą.
Powinno być pisane w cudzysłowie.
Udaje, że niczego nie pomija,
że skupia, obejmuje, zawiera i ma.
A tymczasem jest tylko
strzępkiem zawieruchy.

Alles

Alles –
ein unverschämtes und aufgeblasenes Wort.
Man sollte es in Anführungszeichen setzen.
Es tut so, als ob es nichts ausläßt,
als ob es sammelt, umfaßt, enthält und besitzt.
Dabei ist es nur
das Teilchen eines Sturms.

Nachtrag

Neue Gedichte
2002-2004

Labirynt

– a teraz kilka kroków
od ściany do ściany,
tymi schodkami w górę,
czy tamtymi w dół,
a potem trochę w lewo,
jeżeli nie w prawo,
od muru w głębi muru
do siódmego progu,
skądkolwiek, dokądkolwiek
aż do skrzyżowania,
gdzie się zbiegają,
żeby się rozbiegnąć
twoje nadzieje, pomyłki, porażki,
próby, zamiary i nowe nadzieje.

Droga za drogą,
ale bez odwrotu.
Dostępne tylko to,
co masz przed sobą,
a tam, jak na pociechę,
zakręt za zakrętem,
zdumienie za zdumieniem,
za widokiem widok.
Możesz wybierać
gdzie być albo nie być,
przeskoczyć, zboczyć
byle nie przeoczyć.

Labyrinth

– und jetzt ein paar Schritte
von Wand zu Wand,
dieses Treppchen hinauf,
oder jenes hinab,
und dann etwas nach links,
wenn nicht nach rechts,
von der Mauer in der Tiefe der Mauer
bis zur siebten Schwelle,
woher auch immer, wohin auch immer
bis zur Kreuzung,
wo sie zusammenlaufen,
um auseinanderzulaufen
deine Hoffnungen, Irrtümer, Mißerfolge,
Versuche, Absichten und neue Hoffnungen.

Weg für Weg,
aber ohne Umkehr.
Zugänglich nur das,
was du vor dir hast,
und dort, wie zum Trost,
Biegung um Biegung,
Staunen um Staunen,
Aussicht auf Aussicht.
Du kannst wählen,
wo du sein oder nicht sein willst,
was überspringen, was umgehen,
beileibe nicht übersehen.

Więc tędy albo tędy,
chyba że tamtędy,
na wyczucie, przeczucie,
na rozum, na przełaj,
na chybił trafił,
na splątane skróty.
Przez któreś z rzędu rzędy
korytarzy, bram,
prędko, bo w czasie
niewiele masz czasu,
z miejsca na miejsce
do wielu jeszcze otwartych,
gdzie ciemność i rozterka
ale prześwit, zachwyt,
gdzie radość, choć nieradość
nieomal opodal,
a gdzie indziej, gdzieniegdzie,
ówdzie i gdzie bądź
szczęście w nieszczęściu
jak w nawiasie nawias,
i zgoda na to wszystko
i raptem urwisko,
urwisko, ale mostek,
mostek, ale chwiejny,
chwiejny, ale jedyny,
bo drugiego nie ma.

Also hierhin oder hierhin,
es sei denn dorthin,
dem Gefühl, der Ahnung,
dem Verstand nach, quer,
aufs Geratewohl,
auf die wirren Abkürzungen zu.
Der Reihe nach die Reihen
der Korridore, der Tore,
schnell, denn in der Zeit
hast du wenig Zeit,
von Ort zu Ort
zu den vielen noch offenen,
wo Dunkel und Zwiespalt,
aber auch Durchblick, Entzücken,
wo Freude, wenn auch Unfreude
beinah daneben,
und anderswo, da und dort,
irgendwo und wo immer
Glück im Unglück
wie eine Klammer in der Klammer,
und einverstanden mit allem,
und plötzlich ein Bergsturz,
ein Bergsturz, aber auch ein Steg,
ein Steg, aber schwankend,
schwankend, aber der einzige,
denn einen zweiten gibt es nicht.

Gdzieś stąd musi być wyjście,
to więcej niż pewne.
Ale nie ty go szukasz,
to ono cię szuka,
to ono od początku
w pogoni za tobą,
a ten labirynt
to nic innego jak tylko,
jak tylko twoja, dopóki się da,
twoja, dopóki twoja,
ucieczka, ucieczka –

Von hier aus müßte irgendwo der Ausgang sein,
das ist mehr als sicher.
Aber nicht du suchst ihn,
er sucht dich,
er ist von Anfang an
auf der Jagd nach dir,
und dieses Labyrinth
ist nichts anderes als nur,
als nur deine, solange deine,
Flucht, Flucht –

Wywiad z Atropos

Pani Atropos?
    Zgadza się, to ja.
Z trzech córek Konieczności
ma Pani w świecie opinię najgorszą.
    Gruba przesada, moja ty poetko.
    Kloto przędzie nić życia,
    ale ta nić jest wątła,
    nietrudno ją przeciąć.
    Lachezis prętem wyznacza jej długość.
    To nie są niewiniątka.
A jednak w rękach Pani są nożyce.
    Skoro są, to robię z nich użytek.
Widzę, że nawet teraz, kiedy rozmawiamy…
    Jestem pracoholiczką, taką mam naturę.
Czy nie czuje się Pani zmęczona, znudzona,
senna przynajmniej nocą? Nie, naprawdę nie?
Bez urlopów, weekendów, świętowania świąt,
czy choćby małych przerw na papierosa?
    Byłyby zaległości, a tego nie lubię.
Niepojęta gorliwość.
I znikąd dowodów uznania,
nagród, wyróżnień, pucharów, orderów?
Bodaj dyplomów oprawionych w ramki?
    Jak u fryzjera? Dziękuję uprzejmie.
Czy ktoś Pani pomaga, jeśli tak to kto?
    Niezły paradoks – właśnie wy, śmiertelni.
    Dyktatorzy przeróżni, fanatycy liczni.
    Choć ja ich nie zapędzam.
    Sami się garną do dzieła.

Interview mit Atropos

Frau Atropos?
  Richtig, das bin ich.
Von den drei Töchtern der Notwendigkeit
haben Sie den schlechtesten Ruf.
  Grobe Übertreibung, meine Dichterin.
  Klotho spinnt den Lebensfaden,
  doch dieser Faden ist dünn,
  nicht schwer zu zerschneiden.
  Lachesis bestimmt mit dem Meßstock seine Länge.
  Das sind keine Unschuldslämmer.
Doch Sie haben die Schere in der Hand.
  Weil sie da ist, benutze ich sie.
Ich sehe, daß sogar jetzt, während wir sprechen ...
  Ich bin Workaholic, so ist meine Natur.
Fühlen Sie sich nicht müde, gelangweilt,
schläfrig, wenigstens nachts? Nein, wirklich nicht?
Ohne Urlaub, Weekend, Feiern der Feiertage,
oder wenigstens kleine Zigarettenpausen?
  Ich wäre im Rückstand, und das mag ich nicht.
Unbegreiflicher Eifer.
Und nirgendwoher Beweise der Anerkennung,
keine Preise, Auszeichnungen, Pokale, Orden?
Nicht einmal gerahmte Diplome?
  Wie beim Friseur? Besten Dank.
Hilft Ihnen jemand, wenn ja, wer?
  Kein übles Paradox – ihr eben, die Sterblichen.
  Diverse Diktatoren, viele Fanatiker.
  Obwohl ich sie gar nicht antreibe.
  Sie drängen selbst zur Tat.

Pewnie i wojny muszą Panią cieszyć,
bo duża z nich wyręka.
   Cieszyć? Nie znam takiego uczucia.
   I nie ja do nich wzywam,
   nie ja kieruję ich biegiem.
   Ale przyznaję: głównie dzięki nim
   mogę być na bieżąco.
Nie szkoda Pani nitek przeciętych zbyt krótko?
   Bardziej krótko, mniej krótko –
   to tylko dla was różnica.
A gdyby ktoś silniejszy chciał pozbyć się Pani
i spróbował odesłać na emeryturę?
   Nie zrozumiałam. Wyrażaj się jaśniej.
Spytam inaczej: ma Pani Zwierzchnika?
   ... Proszę o jakieś następne pytanie.
Nie mam już innych.
   W takim razie żegnam.
   A ściślej rzecz ujmując ...
Wiem, wiem. Do widzenia.

Gewiß müssen Sie auch die Kriege freuen,
sie sind eine große Hilfe.

    Freuen? Dieses Gefühl kenne ich nicht.

    Und nicht ich rufe sie aus,

    nicht ich bestimme ihren Verlauf.

    Aber ich gebe zu: hauptsächlich dank der Kriege

    bin ich nicht im Verzug.

Tun Ihnen die zu kurz abgeschnittenen Fäden nicht leid?

    Kürzer, länger –

    das ist nur für euch ein Unterschied.

Und wenn ein Stärkerer Sie loswerden wollte
und versuchte, Sie in den Ruhestand zu schicken?

    Das habe ich nicht verstanden. Drücke dich klarer aus.

Ich frage Sie anders: haben Sie einen Vorgesetzten?

    ... Die nächste Frage, bitte.

Hab keine mehr.

    Dann leben Sie wohl.

    Obwohl, genaugenommen ...

Ich weiß, ich weiß. Auf Wiedersehen.

ABC

Nigdy już się nie dowiem,
co myślał o mnie A.
Czy B. do końca mi nie wybaczyła.
Dlaczego C. udawał, że wszystko w porządku.
Jaki był udział D. w milczeniu E.
Czego F. oczekiwał, jeśli oczekiwał.
Czemu G. zapomniała, choć dobrze wiedziała.
Co H. miał do ukrycia.
Co I. chciała dodać.
Czy fakt, że byłam obok,
miał jakiekolwiek znaczenie
dla J. dla K. i reszty alfabetu.

ABC

Nie werde ich erfahren,
was A. von mir dachte.
Ob mir B. bis zuletzt nicht verziehen hat.
Warum C. so tat, als sei alles in Ordnung.
Welchen Anteil D. am Schweigen von E. hatte.
Was F. erwartete, falls er erwartete?
Weshalb G. vergaß, obwohl sie genau wußte.
Was H. zu verbergen hatte.
Was I. hinzufügen wollte.
Ob die Tatsache, daß ich dabei war,
irgendwas bedeutete
für J. und K. und den Rest des Alphabets.

Wypadek drogowy

Jeszcze nie wiedzą,
co pół godziny temu
stało się tam, na szosie.

Na ich zegarkach
pora taka sobie,
popołudniowa, czwartkowa, wrześniowa.

Ktoś odcedza makaron.
Ktoś grabi liście w ogródku.
Dzieci z piskiem biegają dookoła stołu.
Komuś kot z łaski swojej pozwala się głaskać.
Ktoś płacze –
jak to zwykle przed telewizorem,
kiedy niedobry Diego zdradza Juanitę.
Słychać pukanie –
to nic, to sąsiadka z pożyczoną patelnią.
W głębi mieszkania dzwonek telefonu –
na razie tylko w sprawie ogłoszenia.

Gdyby ktoś stanął w oknie
i popatrzył w niebo,
mógłby ujrzeć już chmury
przywiane znad miejsca wypadku.
Wprawdzie porozrywane i porozrzucane,
ale to u nich na porządku dziennym.

Verkehrsunfall

Noch wissen sie nicht,
was vor einer halben Stunde
dort auf der Straße passiert ist.

Auf ihren Uhren
irgendeine Zeit,
Nachmittag, Donnerstag, September.

Jemand seiht Nudeln.
Jemand recht Laub im Garten.
Die Kinder laufen kreischend um den Tisch.
Die Katze läßt sich gnädig streicheln.
Jemand weint –
wie gewöhnlich vor dem Fernseher,
wenn der böse Diego Juanita sitzenläßt.
Man hört Klopfen –
Macht nichts, es ist die Nachbarin mit der geliehenen Pfanne.
In der Wohnung klingelt das Telefon –
Vorerst nur wegen der Anzeige.

Ginge jemand ans Fenster
und blickte in den Himmel,
könnte er bereits die Wolken sehen,
von der Unfallstelle herübergeweht.
Zwar zerfetzt und zerrissen,
doch das ist bei ihnen an der Tagesordnung.

Nazajutrz – *bez nas*

Poranek spodziewany jest chłodny i mglisty.
Od zachodu
zaczną przemieszczać się deszczowe chmury.
Widoczność będzie słaba.
Szosy śliskie.

Stopniowo, w ciągu dnia,
pod wpływem klina wyżowego od północy
możliwe już lokalne przejaśnienia.
Jednak przy wietrze silnym i zmiennym w porywach
mogą wystąpić burze.

W nocy
rozpogodzenie prawie w całym kraju,
tylko na południowym wschodzie
niewykluczone opady.
Temperatura znacznie się obniży,
za to ciśnienie wzrośnie.

Kolejny dzień
zapowiada się słonecznie,
chociaż tym, co żyją
przyda się jeszcze parasol.

Morgen – ohne uns

Der erwartete Morgen ist kühl und neblig.
Von Westen her
beginnen Regenwolken aufzuziehen.
Die Sicht wird schlecht sein.
Die Straßen glatt.

Allmählich, im Laufe des Tages,
unter dem Einfluß eines Hochs von Norden
sind örtlich Aufheiterungen möglich.
Doch bei starken und wechselhaften Windstößen
kann es Gewitter geben.

In der Nacht
klart es fast im ganzen Land auf,
nur im Südwesten
sind Niederschläge nicht auszuschließen.
Die Temperatur wird merklich fallen,
dafür steigt der Luftdruck.

Der nächste Tag
verspricht sonnig zu werden,
obwohl jene, die leben,
noch einen Regenschirm brauchen.

Monolog psa zaplątanego w dzieje

Są psy i psy. Ja byłem psem wybranym.
Miałem dobre papiery i w żyłach krew wilczą.
Mieszkałem na wyżynie wdychając wonie widoków
na łąki w słońcu, na świerki po deszczu
i grudy ziemi spod śniegu.

Miałem porządny dom i ludzi na usługi.
Byłem żywiony, myty, szczotkowany,
wyprowadzany na piękne spacery.
Jednak z szacunkiem, bez poufałości.
Każdy dobrze pamiętał, czyim jestem psem.

Byle parszywy kundel potrafi mieć pana.
Ale uwaga – wara od porównań.
Mój pan był panem jedynym w swoim rodzaju.
Miał okazałe stado chodzące za nim krok w krok
i zapatrzone w niego z lękliwym podziwem.

Dla mnie były uśmieszki
z kiepsko skrywaną zazdrością.
Bo tylko ja miałem prawo
witać go w lotnych podskokach,
tylko ja – żegnać zębami ciągnąc za spodnie.
Tylko mnie wolno było
z głową na jego kolanach
dostępować głaskania i tarmoszenia za uszy.
Tylko ja mogłem udawać przy nim, że śpię,
a wtedy on się schylał i szeptał coś do mnie.

Monolog eines ins Zeitgeschehen verwickelten Hundes

Es gibt Hunde und Hunde. Ich war ein auserwählter Hund.
Ich hatte gute Papiere und in den Adern Wolfsblut.
Ich wohnte auf einer Anhöhe und atmete Düfte der Aussichten
auf Wiesen in der Sonne, Fichten nach dem Regen
und Erdklumpen unterm Schnee.

Ich hatte ein ordentliches Haus und Menschen als Bedienung.
Wurde ernährt, gewaschen und gebürstet,
auf schöne Spaziergänge ausgeführt.
Doch mit Respekt und ohne Vertraulichkeiten.
Jeder wußte genau, wessen Hund ich bin.

Jeder räudige Hund kann einen Herrn haben.
Aber Vorsicht – hütet euch vor Vergleichen.
Mein Herr war ein Herr besonderer Art.
Er hatte eine stattliche Herde, die ihm auf Schritt und
    Tritt folgte
und in ängstlicher Bewunderung zu ihm hinaufsah.

Mich lächelte man an,
mit schlecht verstecktem Neid.
Denn nur ich hatte das Recht
ihn mit Luftsprüngen zu begrüßen,
nur ich – ihn mit den Zähnen an der Hose zu verabschieden.
Nur ich durfte,
den Kopf auf seinen Knien,
die Gunst des Streichelns und des Ohrenkraulens erfahren.
Nur ich durfte bei ihm so tun, als würde ich schlafen,
dann neigte er sich zu mir und flüsterte mir etwas zu.

Na innych gniewał się często i głośno.
Warczał na nich, ujadał
biegał od ściany do ściany.
Myślę, że lubił tylko mnie
i więcej nigdy, nikogo.

Miałem też obowiązki: czekanie, ufanie.
Bo zjawiał się na krótko i na długo znikał.
Co go zatrzymywało tam, w dolinach, nie wiem.
Odgadywałem jednak, że to pilne sprawy,
co najmniej takie pilne
jak dla mnie walka z kotami
i wszystkim, co się niepotrzebnie rusza.

Jest los i los. Mój raptem się odmienił.
Nastała któraś wiosna,
a jego przy mnie nie było.
Rozpętała się w domu dziwna bieganina.
Skrzynie, walizki, kufry wpychano na samochody.
Koła z piskiem zjeżdżały w dół
i milkły za zakrętem.

Na tarasie płonęły jakieś graty, szmaty,
żółte bluzy, opaski z czarnymi znakami
i dużo, bardzo dużo przedartych kartonów,
z których powypadały chorągiewki.

Snułem się w tym zamęcie
bardziej zdumiony niż zły.
Czułem na sierści niemiłe spojrzenia.
Jakbym był psem bezpańskim,

Über andere ärgerte er sich oft und laut.
Er knurrte sie an, bellte,
lief von Wand zu Wand.
Ich denke, er mochte nur mich
und sonst niemanden, niemals.

Ich hatte auch Pflichten: warten, vertrauen.
Denn er tauchte kurz auf und verschwand für lange.
Was ihn dort aufhielt, in den Tälern, weiß ich nicht.
Ich ahnte, es waren dringende Angelegenheiten,
zumindest ebenso dringend
wie für mich mein Kampf mit den Katzen
und mit allem, was sich unnötig bewegt.

Es gibt Schicksal und Schicksal. Meins änderte sich rapid.
Es wurde irgendwie Frühling,
und er war nicht bei mir.
Im Haus brach eine seltsame Rennerei aus.
Kisten, Koffer, Kartons stopfte man auf Autos.
Quietschend rollten die Räder bergab
und verstummten nach der Kurve.

Auf der Terrasse brannte irgendein Gerümpel, Plunder,
gelbe Blusen, Armbinden mit schwarzen Abzeichen
und viele, sehr viele zerfetzte Kartons,
aus denen Fähnchen herausfielen.

Ich schlich durch dieses Chaos
mehr erstaunt als zornig.
Ich spürte unangenehme Blicke auf dem Fell.
Als wäre ich ein herrenloser Hund,

natrętnym przybłędą,
którego już od schodów przepędza się miotłą.

Ktoś zerwał mi obrożę nabijaną srebrem.
Ktoś kopnął moją miskę od kilku dni pustą.
A potem ktoś ostatni, zanim ruszył w drogę,
wychylił się z szoferki
i strzelił do mnie dwa razy.

Nawet nie umiał trafić, gdzie należy,
bo umierałem jeszcze długo i boleśnie
w brzęku rozzuchwalonych much.
Ja, pies mojego pana.

aufdringlich, zugelaufen,
den man schon an der Treppe mit dem Besen verjagt.

Jemand zerriß mein silberbeschlagenes Halsband.
Jemand trat gegen meine seit Tagen leere Schüssel.
Und dann lehnte sich ein letzter, bevor er weiterzog,
aus der Fahrerkabine
und schoß zweimal auf mich.

Nicht einmal richtig treffen konnte er,
denn ich starb lange und qualvoll
im Gesumm der unverschämten Fliegen.
Ich, Hund meines Herrn.

Uprzejmość niewidomych

Poeta czyta wiersze niewidomym.
Nie przewidywał, że to takie trudne.
Drży mu głos.
Drżą mu ręce.

Czuje, że każde zdanie
wystawione jest tutaj na próbę ciemności.
Będzie musiało radzić sobie samo,
bez świateł i kolorów.

Niebezpieczna przygoda
dla gwiazd w jego wierszach,
zorzy, tęczy, obłoków, neonów, księżyca,
dla ryby do tej pory tak srebrnej pod wodą
i jastrzębia tak cicho, wysoko na niebie.

Czyta – bo już za późno nie czytać –
o chłopcu w kurtce żółtej na łące zielonej,
o dających się zliczyć czerwonych dachach w dolinie,
o ruchliwych numerach na koszulkach graczy
i nagiej nieznajomej w uchylonych drzwiach.

Chciałby przemilczeć – choć to niemożliwe –
tych wszystkich świętych na stropie katedry,
ten pożegnalny gest z okna wagonu,
to szkiełko mikroskopu i promyk w pierścieniu
i ekrany i lustra i album z twarzami.

Die Höflichkeit der Blinden

Der Dichter liest Blinden Gedichte vor.
Er sah nicht voraus, daß das so schwer ist.
Seine Stimme zittert.
Seine Hände zittern.

Er spürt, daß hier jeder Satz,
auf die Probe der Dunkelheit gestellt,
sich selbst wird helfen müssen,
ohne Lichter und Farben.

Ein gefährliches Abenteuer
für die Sterne in seinen Gedichten,
das Morgenrot, den Regenbogen, die Wolken, das Neonlicht,
    den Mond,
für den Fisch bislang so silbern unterm Wasser
und den Habicht so still, hoch am Himmel.

Er liest – weil es zu spät ist nicht zu lesen –
vom Jungen in gelber Jacke auf grüner Wiese,
von den abzählbaren roten Dächern im Tal,
von den beweglichen Nummern auf den Hemden der Spieler
und der nackten Unbekannten in der angelehnten Tür.

Er möchte verschweigen – obwohl das nicht geht –
diese Heiligen alle an der Decke der Kathedrale,
die Abschiedsgeste aus dem Eisenbahnfenster,
das Glas des Mikroskops und das Funkeln im Ring
und die Bildschirme und Spiegel und das Album mit den
    Gesichtern.

Ale wielka jest uprzejmość niewidomych,
wielka wyrozumiałość i wspaniałomyślność.
Słuchają, uśmiechają się i klaszczą.

Ktoś z nich nawet podchodzi
z książką otwartą na opak
prosząc o niewidzialny dla siebie autograf.

Aber die Höflichkeit der Blinden ist groß,
groß ihre Hochherzigkeit und Nachsicht.
Sie hören zu, lächeln, und sie klatschen.

Einer von ihnen kommt sogar näher
mit einem verkehrt geöffneten Buch
und bittet um ein für ihn unsichtbares Autogramm.

Właściwie każdy wiersz

Właściwie każdy wiersz
mógłby mieć tytuł »Chwila«.

Wystarczy jedna fraza
w czasie teraźniejszym,
przeszłym, a nawet przyszłym;

wystarczy, że cokolwiek
niesione słowami
zaszeleści, zabłyśnie,
przefrunie, przepłynie,
czy też zachowa
rzekomą niezmienność,
ale z ruchomym cieniem;

wystarczy, że jest mowa
o kimś obok kogoś
albo o kimś obok czegoś;

o Ali, co ma kota,
albo już go nie ma;

albo o innych Alach
kotach i nie kotach
z innych elementarzy
kartkowanych przez wiatr;

wystarczy, jeśli w zasięgu spojrzenia
autor umieści tymczasowe góry
i nietrwałe doliny;

Eigentlich könnte jedes Gedicht

Eigentlich könnte jedes Gedicht
»Augenblick« heißen.

Eine Phrase genügt
im Präsens,
im Perfekt und sogar im Futur;

es genügt, daß irgend etwas
von Wörtern getragenes
raschelt, aufblitzt,
vorbeifliegt, vorbeifließt
oder die vermeintliche Unveränderlichkeit bewahrt,
aber mit beweglichem Schatten;

es genügt, daß man redet
von jemand neben jemand
oder von jemand neben etwas;

von Hänschen klein ging allein
oder nicht allein;

oder von anderen Hänschen
allein oder nicht allein
aus anderen Schulbüchern,
in denen der Wind blättert;

es genügt, wenn der Autor
in Sichtweite provisorische Berge
und kurzlebige Täler anbringt;

jeśli przy tej okazji
napomknie o niebie
tylko z pozoru wiecznym i statecznym;

jeśli się zjawi pod piszącą ręką
bodaj jedyna rzecz
nazwana rzeczą czyjąś,
przynajmniej do niedawna,
chociażby na razie,
na krótką metę,
do pewnego stopnia;

w końcu znak zapytania,
jeśli jest stawiany,
a w odpowiedzi –
jeżeli dwukropek:

wenn er bei dieser Gelegenheit
den Himmel erwähnt,
den nur scheinbar ewigen und soliden;

wenn unter der schreibenden Hand
auch nur ein Ding auftaucht,
irgend jemandes Ding genannt,
zumindest bis unlängst,
und sei es vorerst,
für eine kleine Weile,
bis zu einem gewissen Grad;

am Ende das Fragezeichen,
wenn angebracht,
und zur Antwort –
falls Doppelpunkt:

Bibliographische Notiz

Nach dem Nobelpreis 1996 publizierte Wisława Szymborska erst 2002 wieder einen neuen Gedichtband: *Chwila* (Der Augenblick), der hier, mit Ausnahme des Gedichts »W parku« (Im Park) in deutscher Übersetzung erscheint. Seit 2002 überließ mir Szymborska weitere neue Gedichte, von denen sie einige in der polnischen Presse veröffentlicht hatte:

»Die Höflichkeit der Blinden« in *Tygodnik Powszechny*, Kraków, Nr. 25/22. 6. 2003; »Morgen – ohne uns« in *Odra*, Wrocław, Nr. 11/Nov. 2003. Alle anderen Gedichte im Nachtrag wurden aus dem Typoskript der Autorin übersetzt.

Die Frage, warum sie so sparsam publiziere, beantwortete die Dichterin im Gespräch mit Julia Hartwig und Dariusz Suska ebenso sparsam: »Für mich sind Gedichte mit einer Sphäre des Schweigens umgeben. Ich habe Angst, daß ich, sobald ich etwas zu erzählen beginne, es nachher als Gedicht nicht mehr werde niederschreiben können. Czesław Miłosz sagte mir einmal, er beginne beim Schreiben mit dem Anfang, mit dem ersten Satz. Und ich fange oft mit dem letzten an. Und dann ist es sehr schwer, sich zum Anfang des Gedichts hochzuarbeiten.«

K. D.

Spis treści

Inhalt

Nachtrag. Neue Gedichte 2002-2004